L'...
monsieur Garou

Ann Rocard
Bruno Gibert

Père Castor
Flammarion

1. Un voisin lou-foque

Je vous jure que je dis la vérité :
le bonhomme qui vient d'emménager
dans la maison noire, la maison
d'à côté, a une allure bizarre.
Des cheveux sombres en bataille,
des sourcils en broussaille
et un menton pointu.
De longues dents, de vraies dents
de loup, qui grincent pendant la nuit
quand le vent souffle sur les toits.

Je l'ai vu comme je vous vois !
Il porte toujours des lunettes noires
sous lesquelles se cachent, j'en suis
sûre, des yeux jaunes et fendus.

L'autre jour, j'ai jeté un coup d'œil
sur sa boîte aux lettres et j'ai lu :
M. J.-L. Garou. Un nom à donner
des frissons !

Ce soir, je sors tranquillement
de chez moi.

Mais… ah! Voilà le bonhomme
qui se dresse devant moi
sur le trottoir et demande :
– Bonsoir, petite !
Où vas-tu donc, si tard ?

Sa voix étrange résonne
comme une grosse cloche fêlée.
J'écarquille les yeux et je réponds
un peu inquiète :

– Je vais voir ma grand-mère.

– Ah ! Ta grand-mère est malade ?

– Oui, monsieur….

Ça alors ! Comment le sait-il ?

Le bonhomme se penche vers moi
et ricane :

– Je suis au courant de tout….
Tu vas lui porter une galette
et un petit pot de beurre ?

– Pas du tout, monsieur.

Il est idiot. Il me prend pour
le Petit Chaperon rouge ! Moi qui
ne mets que des jeans et des baskets !

Et je répète, plus sûre de moi :

– Pas du tout, monsieur.

Je vais lui donner un dessin

que je viens de terminer.

Il fronce les sourcils :

– Un dessin, petite fille ?

Peux-tu me le montrer ?

Je secoue la tête et fais demi-tour.

(Ma mère m'a interdit de parler
à ceux que je ne connais pas.)
– Tu peux m'appeler Jean-Loup.
Nous sommes voisins, après tout !
dit-il, en agitant une main,
un peu trop poilue à mon goût.
À une prochaine fois !

Sans répondre, je file vers
la maison de ma grand-mère.
Ce drôle de bonhomme a raison.
S'il habite juste à côté de chez moi,
ce n'est pas un inconnu.

Et je commence à chantonner :
– Un connu, deux connus,
trois connus ou trop connus ?

Je me retourne, prête à sourire.
Jean-Loup Garou se tient immobile
au bord du trottoir.
Les rayons de lune projettent
son ombre sur le mur.
Une ombre bizarre qui ressemble à....
je sursaute soudain... à un loup !
Oui.... On dirait l'ombre d'un loup.

J'ai tout compris ！
Mon nouveau voisin
est un loup-garou ！ Au secours ！

Je cours jusqu'au numéro 3
de la rue Anna-Papeur.
Je n'ose pas me retourner….
Si Jean-Loup Garou me poursuit…
Ouf！ Je suis arrivée.

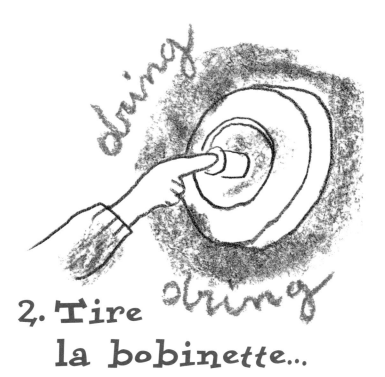

2. Tire
la bobinette...

Essoufflée, je sonne
sans interruption. La porte reste
fermée. Alors, je me mets à crier :
– Mamie, c'est moi !
Mamie, ouvre vite. Dépêche-toi !
Je suis poursuivie
par un terrible loup-garou.

Et si ma grand-mère s'était,
elle aussi, transformée en loup?

Je recule d'un pas. Elle a peut-être
des oreilles velues et de longues
dents pointues. Si elle a
une faim de loup, elle ne va faire
qu'une bouchée de moi.

La porte s'entrouvre enfin.

– Sonia, c'est toi ? Que t'arrive-t-il ?

Mamie apparaît dans l'encadrement de la porte et elle éclate de rire :

– Tu en fais une tête !

Quel soulagement !

Ma grand-mère n'a pas changé.

Mais elle n'a pas compris

que nous sommes en grand danger.

C'est pourquoi je chuchote

en articulant à peine :

– Il est là....

– Parle plus fort, dit Mamie.

Je ne t'entends pas.

– Il est là, derrière moi....

– Qui ? s'étonne ma grand-mère.

– Le loup-garou.

Mamie ouvre de grands yeux

et m'attire vers elle.

– Sonia, tu as l'air malade.

Tu n'es pas dans ton assiette ?

Il n'y a personne dans la rue.

Je me retourne lentement.
Personne ! Pas un chat !
Jean-Loup Garou a disparu.

Mamie va beaucoup mieux.
Finie la grippe! Maintenant,
c'est moi qui ne suis pas en forme.
Je tremble de la tête aux pieds.
Des gouttes de sueur roulent
sur mon front.
– Oh, oh! dit ma grand-mère...

Couche-toi tout de suite sur le canapé !

– Mais, Mamie….

– Il n'y a pas de mais ! Je vais
te préparer une citronnade chaude
avec du miel.

J'obéis aussitôt.

La citronnade, j'adore !

Ma grand-mère dépose peu après
un plateau sur la table basse,
et elle sort un paquet du placard.
– Puisque c'est bientôt
ton anniversaire,
j'ai une surprise pour toi.

J'ouvre délicatement le cadeau :
un pull ! Un pull rouge !
– Je l'ai tricoté moi-même,
dit Mamie. Il te plaît ?
– Il est super !
– Et comme le rouge te va si bien,
je t'ai acheté un pantalon rouge
et des tennis rouges.

Quoi ? Mon cauchemar recommence. Il ne manque plus qu'un bonnet rouge et il n'y aura plus d'hésitation possible : je serai devenue le Petit Chaperon rouge en chair et en os !

Je vais en attraper une jaunisse.

– Ça ne te plaît pas ?
s'inquiète ma grand-mère.

Je souris faiblement
et murmure du bout des lèvres :
– Oh, si. Merci, Mamie.

Puis je ferme les yeux
et fais semblant de m'endormir.

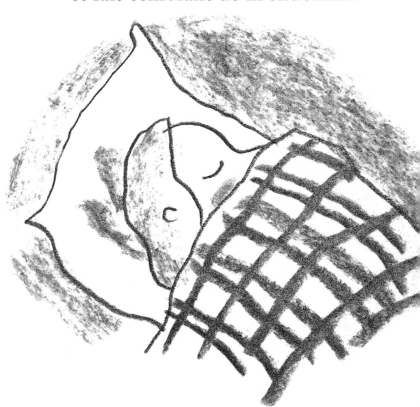

3. La rougeole

Hélas, je suis vraiment tombée malade. Ni jaunisse ni roséole…. mais une horrible rougeole!

Depuis une semaine, je suis défigurée, couverte de plaques couleur tomate. Mes yeux picotent, ma gorge brûle.

Pas question d'aller à l'école !
Encore moins de parcourir les rues.
J'en ai presque oublié
Jean-Loup Garou, le bonhomme
aux lunettes noires.
Ma grand-mère est persuadée
que j'ai fait un cauchemar,
tout éveillée. Moi, je préfère
ne plus y penser.

Chaque matin, dès neuf heures,
Mamie vient me rejoindre pour
que je ne sois pas seule toute la journée
en l'absence de mes parents.
– Bonjour, Sonia !
Comment te sens-tu ?
Je t'ai apporté une galette….

   Une galette ? Quelle drôle d'idée !
Une galette et pourquoi pas
un petit pot de beurre ?
– Une délicieuse galette bretonne,
ajoute ma grand-mère
qui est la reine des gourmandes.

   Hum, j'aime mieux ça !

Je regarde Mamie qui va et vient,
toujours gaie et sautillante.
Si je ne l'avais plus, je sentirais
un grand vide au fond de moi.
– Te voilà triste tout à coup,
remarque Mamie. Veux-tu
que je te raconte une histoire?

J'approuve de la tête. Mamie raconte des légendes merveilleuses, des contes d'autrefois en imitant mille et une voix différentes :

« Il était une fois dans une profonde forêt... »

Oui, ma grand-mère est une conteuse extraordinaire.

Malheureusement, il y a un «hic».
Elle a une préférence très nette
pour les histoires de loups.
D'habitude, moi aussi.
Mais, depuis un mois, je n'y tiens pas.

Les trois petits cochons
me donnent des boutons.

Les aventures du vieux loup
de mer me font claquer des dents.

Quant à ma peluche préférée,
un loulou de Poméranie,
je l'ai glissée dans un tiroir.
Pourtant, depuis le jour
de ma naissance,
je ne m'en étais jamais séparée.

loup loup loup loup

Et Mamie a conclu
en hochant la tête :
– Sonia, tu es allergique
au mot «loup».

Mais moi je n'en suis pas certaine,
car ma meilleure amie s'appelle Lou.
Et je n'ai aucune envie
de l'enfermer dans un tiroir.
J'ai même hâte de la revoir.

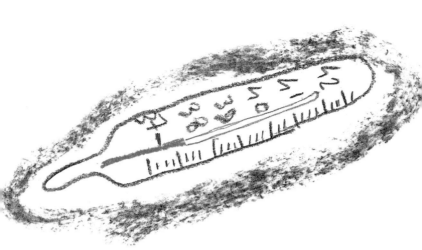

4. Des nouvelles de M. Garou

Au fil des jours, la fièvre diminue, les plaques rouges disparaissent.

Ça y est : on peut décrocher les rideaux noirs, fixés à la fenêtre.

– Tu n'as plus mal aux yeux ? demande ma grand-mère.

– Non. Je suis tout à fait guérie.

Enfin, presque. J'ai eu, paraît-il,
la rougeole du siècle ! Une rougeole
à rendre fous furieux
tous les taureaux de la Terre !

Je m'approche de la fenêtre,
les jambes un peu flageolantes.
Mon regard se porte soudain
vers la maison voisine. Elle semble
inoccupée et j'interroge
ma grand-mère, l'air de rien :
– Le voisin est parti ?
– Quel voisin ?

Je montre la maison noire
du doigt.
– J'ai entendu dire qu'il était
à l'hôpital, répond Mamie.

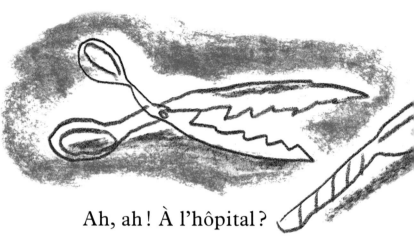

Ah, ah! À l'hôpital?
On s'est enfin rendu compte
qu'il était loufoque.
Plus loup que phoque, d'ailleurs!
Les chercheurs ont peut-être
trouvé un vaccin anti-loup-garou
et ils essaient de soigner
l'étrange bonhomme trop poilu….

Je ferme les yeux et j'imagine
le célèbre docteur Sankeur,
vêtu de vert,
debout dans le bloc opératoire.

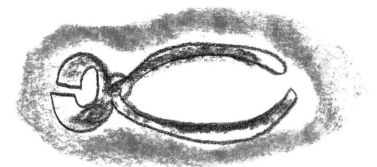

Sur la table, mon ancien voisin
est allongé, sans lunettes noires,
et il semble dormir profondément.

Le docteur Sankeur donne
des ordres et une infirmière lui obéit.

– Limez-lui les dents !

– Oui, docteur. Bien, docteur.

– Taillez-lui les oreilles !

– Oui, docteur. Bien, docteur.

– Rasez immédiatement
ces poils de loup !

– Oui, docteur. Bien, docteur.

– Tout est prêt ?

– Oui, docteur. Vous pouvez l'opérer.

Et si l'opération
ne réussissait pas ?
Si elle était loupée ?
Jean-Loup Garou ne remettrait plus
jamais les pattes… heu, les pieds,
dans la maison d'à côté.

Ravie, je rejoins Mamie.

Plus de frayeur ! Plus de cauchemar !

Mon allergie est terminée.

Je respire profondément et fais

le tour de la pièce…. à pas de loup.

Demain, ce sera mon premier jour
de sortie. La météo annonce
du beau temps. Je mettrai
la nouvelle tenue que ma grand-mère
m'a offerte. Ha, ha, ha!
Un vrai Petit Chaperon rouge!
– Qu'est-ce qui te fait rire?
demande Mamie en souriant.
– Oh, rien. Je suis contente
d'être guérie.

5. Lou et le Petit Chaperon rouge

Le lendemain, mercredi,
je retrouve enfin mon amie Lou.
Elle me saute au cou :
– Bonjour, Sonia !
Tu n'es plus contagieuse ?
– Fini, terminé !
– C'est à cause de ta maladie
que tu es habillée en rouge ?

41

Je l'embrasse
et je lui souffle à l'oreille :
– Non, c'est une tenue
anti-cauchemar.
– Oh ! s'exclame Lou
qui n'a rien compris du tout.

Je lui expliquerai ce secret
une autre fois. Aujourd'hui,
je préfère m'amuser
et faire du patin à roulettes
dans le square.

À la fin de la journée,
je m'attarde un peu sur le trottoir.
Lou a déjà regagné son immeuble.
   La nuit tombe peu à peu.
Le vent entraîne des ribambelles
de nuages et la pleine lune
brille au-dessus des toits.

Soudain, «Hiiiiiiiiiii...»
un grincement se fait entendre.
La rue est déserte.
J'écoute, inquiète. «Hiiiiiiiii...»
Sur le toit de la maison noire
se trouve une girouette.
Je ne l'avais jamais vue auparavant.
C'est elle, évidemment,
qui grince à cause du vent.

Il est temps de rentrer chez moi.
J'avais promis à Mamie
de ne pas rester trop longtemps
dehors et je n'ai pas tenu
ma promesse. Je me dirige
rapidement vers ma maison.

Tout à coup, le portail du jardin voisin s'ouvre lentement.

Une silhouette apparaît.

Des lunettes noires. Des cheveux sombres en bataille, des sourcils en broussaille et un menton pointu. Jean-Loup Garou !

Quoi ? Il est toujours vivant ?

6. Un nouvel ami

Impossible de faire un pas de plus.
Il a dû me jeter un sort et
me transformer en statue. Maintenant,
il va me croquer toute crue….
– Il y a quelqu'un ?
demande l'étrange M. Garou.
– Oui….
– Ah, c'est toi !
Ma petite voisine, Sonia.

47

Ça alors! Il ne m'a pas reconnue.

M. Garou perdrait-il la mémoire?

Et que tient-il dans sa main poilue?

Un bâton blanc…. Pour quoi faire?

– Tu es toujours là, Sonia?

– Oui, monsieur….

Bien sûr que je suis là!

S'il n'y voit goutte,

il n'a qu'à enlever ses lunettes.

M. Garou soupire et demande :

– La lune est-elle toute ronde ce soir?

– Oui, toute ronde.

J'ai du mal à avaler ma salive.

Je pense aux loups-garous qui

ne sortent que les nuits de pleine

lune, et je préfère reculer d'un pas.

– Tu es partie, petite?

– Non, monsieur….

– Je te fais peur?

– Un peu….

Un nuage sombre glisse
devant la lune, dessinant
un visage aux oreilles velues
et au museau pointu.

Je pousse un cri «Aaaaaah!»
et fais demi-tour.
– Que se passe-t-il?
demande Jean-Loup Garou.

Il tend la main vers moi
pour me retenir, heurte un lampadaire
et tombe sur le trottoir.
Ses lunettes noires sont projetées
à quelques mètres.

Je ramasse les lunettes et... Oh!
Les paupières de Jean-Loup Garou
sont couvertes de pansements.

Le bonhomme prend ses lunettes,
puis se masse la jambe et gémit.

Il vaudrait mieux
que je m'en aille. J'ai peut-être
découvert un mystère
qui ne me regarde pas.
– Vous vous êtes fait mal, monsieur ?
– Non, ça ira.

Alors, j'aide Jean-Loup Garou
à se relever et il me raconte
à voix basse ce qui lui est arrivé :
– L'an passé, j'ai failli perdre la vue
dans un accident. C'est pour cela
que je portais toujours
des lunettes sombres. Je souffrais
des yeux. Il a fallu m'opérer
à nouveau. Il y avait peu de chances
que l'opération réussisse.
Hélas, c'est ce qui s'est passé…

Je ne verrai plus jamais.

Je ne regarderai plus par la fenêtre
les enfants faire du patin à roulettes.

Je ne serai plus au courant de tout….

La canne blanche ! C'est donc ça.
Mon voisin est aveugle !
J'aimerais lui parler.
Je voudrais lui dire que je regrette
de l'avoir pris pour un loup-garou,
que je n'aurai plus peur de lui.
Mais les mots ne s'envolent pas.

M. Garou semble perdu.

   Il tourne la tête d'un côté, de l'autre :

– Sonia ! Tu es toujours là, Sonia ?

– Oui, monsieur. Et je serai là,
tous les jours, si vous voulez.
Je vous présenterai ma grand-mère.
Elle raconte des histoires
extraordinaires !

Jean-Loup Garou sourit ;
ses longues dents brillent
au clair de lune, et il murmure :
– Merci. J'espère que ta grand-mère
connaît des histoires de loups.
Ce sont celles que je préfère !

L'auteur

Ann Rocard n'a ni chien loup,
ni loulou… mais quatre louveteaux
déjà grands et une chatte de gouttière.
Elle a écrit de très nombreux contes,
pièces de théâtre, chansons
et poèmes… et enregistré plusieurs
disques. Elle adore le «chocolou»,
la mer émeraude et rire aux éclats.
Sa passion, c'est le théâtre : jongler
avec les mots, monter des spectacles,
créer costumes et décors, transformer
l'espace d'un instant le rêve en réalité.

L'illustrateur

«À deux ans, je découvre qu'en
avançant et en reculant mon bras,
avec au bout un crayon, j'obtiens
des lignes qui se chevauchent.
Ma mère appelle ça : un dessin.
Vingt années plus tard, toujours
étonné par ce miracle, je décide
d'en faire mon «métier». Le mot
est un peu fort pour une profession
que l'on peut exercer en pyjama!»,
raconte Bruno Gibert.

Autres titres de la collection

L'enfant de la mer
L'enfant à la peau argentée déposé
par la mer sur la plage de Cap de Chien
n'est pas un enfant comme les autres...

Arrêtez-le !
Joss accusé à tort doit retrouver
le témoin qui prouvera son innocence,
à tout prix !

La sorcière des Cantines
La dame de la cantine est une sorcière,
Sarah et Serge se moquent d'elle.
Mais la vieille dame a un secret...

La créature d'un autre monde
Iram et son copain veulent élucider
le mystère de ces cônes volants
qui traversent le ciel.

Le virus de la rentrée
Le virus de la rentrée fait prendre
à maman d'imprévisibles grandes
décisions...